Investigaciones de animales

Recopilación de datos

Diana Noonan

Créditos de publicación

Editora
Sara Johnson

Directora editorial
Emily R. Smith, M.A.Ed.

Editora en jefe
Sharon Coan, M.S.Ed.

Directora creativa
Lee Aucoin

Editora comercial
Rachelle Cracchiolo, M.S.Ed.

Créditos de imagen

La autora y los editores desean agradecer y reconocer a quienes otorgaron su permiso para la reproducción de materiales protegidos por derechos de autor: portada BigStockPhoto.com; pág. 4 istockphoto; pág. 5 Shutterstock; pág. 8 Shutterstock; pág. 10 BigStockPhoto.com; pág. 12 Alamy; pág. 13 Shutterstock; pág. 15 (principal) Shutterstock; pág. 15 (recuadro) BigStockPhoto.com; pág. 16 Alamy; pág. 17 (arriba a la izquierda) Shutterstock; pág. 17 (arriba a la derecha) Shutterstock; pág. 17 (abajo) Photolibrary.com; pág. 18 istockphoto; pág. 19 BigStockPhoto.com; pág. 20 Alamy; pág. 21 (izquierda) Shutterstock; pág. 21 (derecha) Alamy; pág. 22 Science Photo Library; pág. 23 istockphoto; pág. 24 Alamy; pág. 25 Science Photo Library; pág. 27 istockphoto; pág. 29 Alamy. Ilustraciones en págs. 6, 7,11, 14, 21, 23 y 24 por Xiangyi Mo.

Si bien se ha hecho todo lo posible para buscar la fuente y reconocer el material protegido por derechos de autor, los editores ofrecen disculpas por cualquier incumplimiento accidental en los casos en que el derecho de autor haya sido imposible de encontrar. Estarán complacidos de llegar a un acuerdo idóneo con el propietario legítimo en cada caso.

Teacher Created Materials

5301 Oceanus Drive
Huntington Beach, CA 92649-1030
http://www.tcmpub.com

ISBN 978-1-4938-2940-8

© 2016 Teacher Created Materials, Inc.

Contenido

Animales en la ciudad

La clase de cuarto grado del Sr. Martin está aprendiendo sobre animales que viven en la ciudad. El Sr. Martin dice que irán al Parque de la Ciudad el viernes de esta semana. Tratarán de encontrar los animales sobre los que aprendieron.

EXPLOREMOS LAS MATEMÁTICAS

La clase del Sr. Martin dibuja una tabla que muestra las **predicciones** del tiempo para la semana en que van al parque de la ciudad. Lo hacen para saber qué tipo de ropa usar el viernes.

Tiempo esta semana

Día de la semana	Temperatura
Lunes	68 °F
Martes	64 °F
Miércoles	66 °F
Jueves	70 °F
Viernes	76 °F

Usa la tabla anterior para responder estas preguntas.

a. ¿Para qué días se predice una temperatura de 70 ºF o más?

b. Según las predicciones, ¿cuántos grados más caliente estará el viernes en comparación con el lunes?

La clase se divide en equipos de seis. El equipo Rastreadores de Vida Silvestre son Luis, Marcy, Todd, Emily, Sheng y Afua. Tienen que estudiar 6 animales: libélula, abeja melífera, pato ánade real, gorrión, conejo y ardilla listada.

Aprender sobre el aprendizaje

El equipo Rastreadores de Vida Silvestre debe hacer una investigación. Investigar significa estudiar e indagar algo. Luego, el equipo debe recopilar **datos**. Los datos pueden reunirse de muchas maneras.

Libélulas

Marcy usa Internet para encontrar datos sobre libélulas. Las libélulas son insectos. Tienen 3 partes en sus cuerpos. Todas las libélulas tienen 4 largas alas.

Las libélulas adultas ponen huevos en el agua o sobre plantas encima del agua. Y algunas libélulas ponen huevos en el lodo a la orilla del agua.

Primero, Marcy elabora un **diagrama** para mostrar la información que encontró.

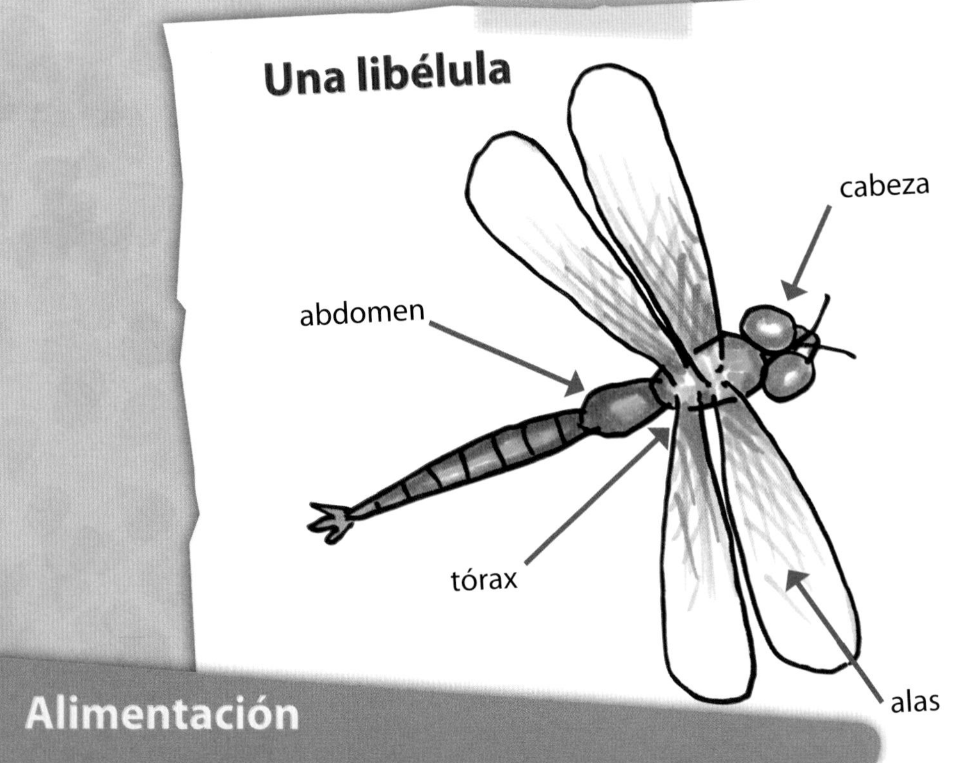

Alimentación

Las libélulas adultas comen otros insectos. A menudo se alimentan de mosquitos e insectos de estanque.

Ninfas de libélula

Después, Marcy aprende que las libélulas jóvenes se llaman ninfas. Las ninfas tienen alas pequeñas y no pueden volar. Pero tienen branquias para respirar en el agua. Los peces comen libélulas pequeñas. Marcy luego hace un diagrama del **ciclo de vida** de una libélula.

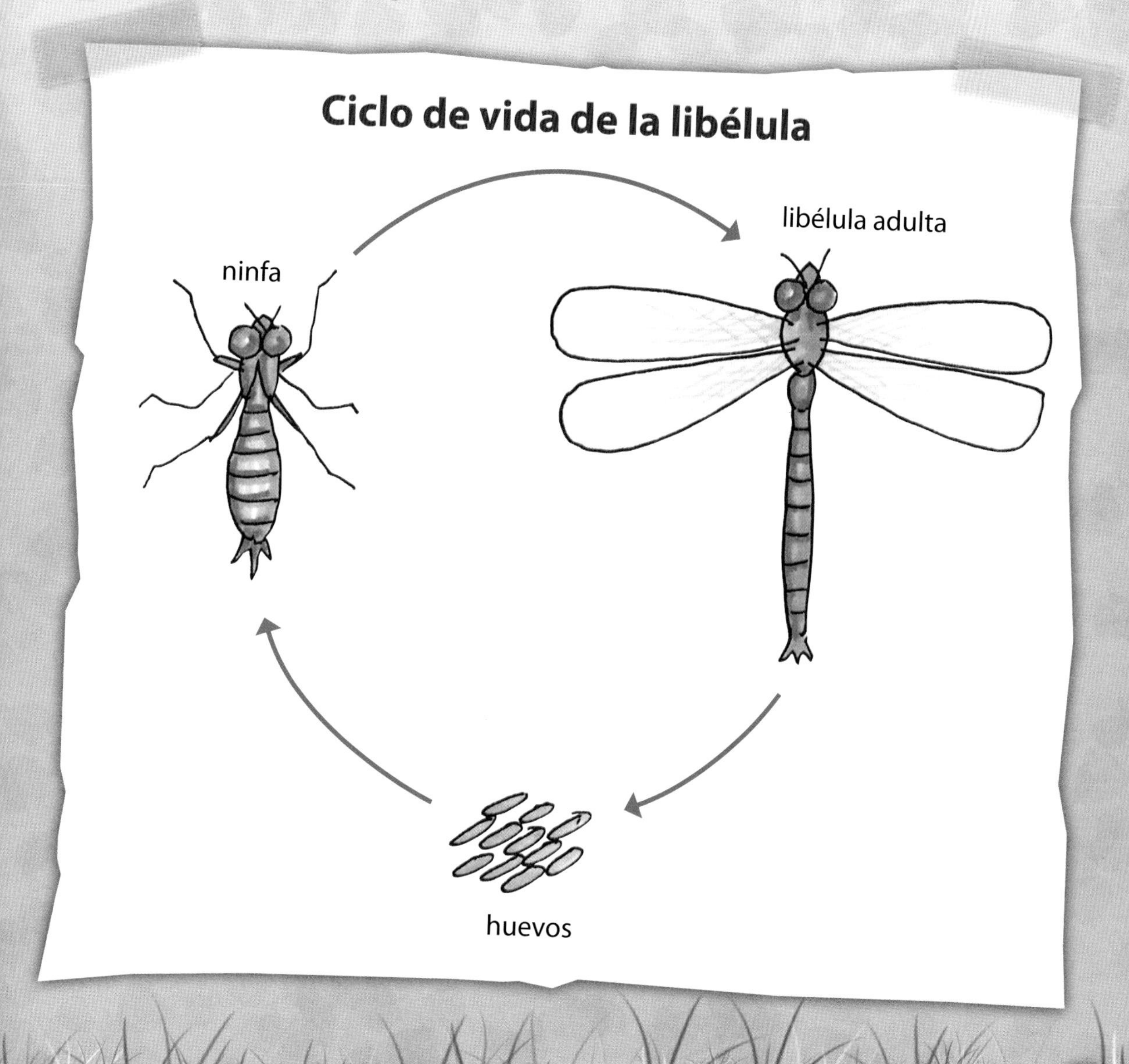

Abejas melíferas

Afua también aprende sobre un insecto. Aprende sobre la abeja melífera. Afua envía un mensaje de correo electrónico con preguntas a un **entomólogo**. Luego, Afua usa un diagrama de estrella para **anotar** su información.

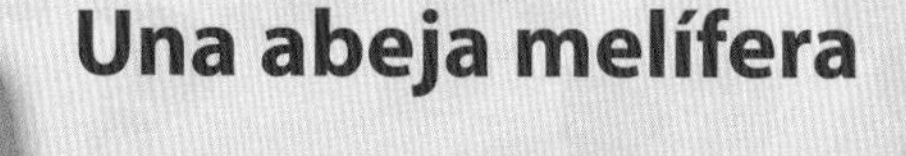

Las abejas tienen lengua larga. Usan la lengua para obtener polen y néctar de las flores.

Las abejas son insectos.

Las abejas almacenan polen de las flores en sacos de polen que tienen en las patas.

Las abejas usan el sol como ayuda para encontrar su camino.

Las abejas visitan cientos de flores cada día.

Patos ánades reales

Todd lee libros para aprender sobre el pato ánade real. Luego, hace una tabla. Recopila información bajo diferentes títulos.

El pato ánade real

pico	ancho con punta redondeada, usado para recoger y comer de suelo blando
piernas	cortas (los patos ánades reales se contonean)
patas	palmeadas para ayudar a que el pato nade
alimento	semillas (p. ej., maíz, cebada, trigo), pequeños peces, renacuajos, caracoles de agua dulce

EXPLOREMOS LAS MATEMÁTICAS

Todd además leyó sobre los huevos de los patos ánades reales. Aprendió que un pato ánade real pone entre 9 y 13 huevos en cada época de reproducción. Esta tabla muestra cuántos huevos puso cada año durante 4 años un pato ánade real.

Huevos de pato ánade real

Año	**Año 1**	**Año 2**	**Año 3**	**Año 4**
Huevos puestos	9	12	11	10

a. ¿Cuál es la cantidad total de huevos que puso el pato ánade real?

b. Dibuja un gráfico de barras para mostrar los datos.

Gorriones

Luis estudia los gorriones. Pide ayuda a su tío. El tío Marco es observador de aves. Da a Luis algunos detalles sobre los gorriones. Luego, Luis hace una lista de esos datos.

Detalles sobre gorriones

1. Los gorriones tienen picos cortos y sin filo que los ayudan a comer semillas y granos.
2. Los gorriones además comen insectos y sobras de comida.
3. Las garras del gorrión lo ayudan a sujetarse bien a ramas pequeñas.
4. Los gorriones se alimentan juntos en bandadas.

EXPLOREMOS LAS MATEMÁTICAS

En su casa, Luis cuenta cuántos gorriones ve cada día durante una semana. El lunes Luis ve 1 gorrión, el martes ve 3, el miércoles ve 4, el jueves ve 3, el viernes ve 2, el sábado ve 6 y el domingo ve 7.

Elabora una **tabla de frecuencia** para esta información, de mayor a menor cantidad de gorriones vistos.

Conejos

Tanto Sheng como Emily estudian los **mamíferos**. Sheng aprende sobre conejos en Internet. Anota la información en un diagrama.

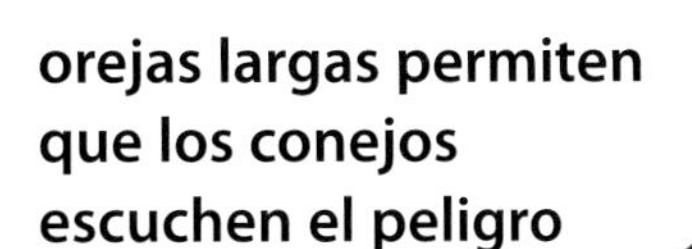

Ardillas listadas

Emily aprende sobre las ardillas listadas llamando a un **guardia** del parque de la ciudad. Emily anota lo que el guardia le dice. Luego, Emily hace una lista de los detalles.

Detalles de las ardillas listadas

1. Las ardillas listadas comen nueces, semillas, bayas e insectos.
2. Transportan comida en bolsas en las mejillas.
3. Tienen cinco dedos en cada pata.
4. Las garras afiladas ayudan a que trepen por los árboles.
5. Usan las garras afiladas para cavar madrigueras debajo de los árboles.

Predicciones en el parque

El Sr. Martin está muy complacido con los datos recopilados. El viernes lleva a la clase y algunos padres colaboradores al Parque de la Ciudad.

—Traigan sus diagramas y tablas de animales —dice.

—Y nuestras gorras también —dice Marcy—. Se pronostica un tiempo caluroso y soleado.

El Sr. Martin da a todos un mapa del parque. Pide a cada niño que estudie el mapa del parque.

—¿Pueden predecir en qué parte del parque pueden encontrar a su animal? —pregunta.

Parque de la Ciudad

Predicción sobre libélulas

—Sé dónde viven mis libélulas adultas y ninfas —dice Marcy—. Estarán en el estanque de peces. Las libélulas adultas ponen huevos cerca del agua. Y las ninfas viven en el agua.

—Es posible que las encuentres en el estanque de peces —dice el Sr. Martin—. Pero es aún más **probable** que encuentres muchas ninfas en los humedales. ¿Por qué?

Marcy piensa mucho. Repasa sus datos.

—Los peces comen las ninfas de las libélulas —dice—. Entonces es más probable que encuentre ninfas en los humedales. Allí hay agua, pero es muy poco profunda para que los peces vivan allí.

—¡Bien pensado! —dice el Sr. Martin.

EXPLOREMOS LAS MATEMÁTICAS

Marcy encuentra ninfas de libélulas en el estanque y en los humedales. Pone los datos en una tabla.

Cantidad de ninfas de libélulas encontradas

	En el estanque	En los humedales
Ninfas	8	29

Dibuja un gráfico de barras para mostrar estos datos.

Predicciones sobre abejas melíferas y patos

Afua observa el mapa del parque. Luego, observa sus datos. Lee que las abejas obtienen polen y néctar de las flores.

—Voy a buscar las abejas en el jardín de flores —dice.

Todd lee sus datos sobre los patos ánades reales. Tienen patas palmeadas para nadar. Comen caracoles de agua, renacuajos y peces pequeños. ¿Dónde crees que Todd encontrará los patos ánades reales?

Predicción sobre gorriones

Luis observa sus datos sobre gorriones.

—Los gorriones son complicados —le dice al Sr. Martin—. Comen semillas de pasto. Es probable que estén en el prado. También les gusta comer sobras de comida. Entonces también es probable que estén en el área para días de campo.

—Posiblemente debas ir a varios lugares —dice el Sr. Martin.

Predicción sobre conejos

Sheng observa sus datos. Los conejos comen pasto. Cavan madrigueras. Además usan la cola para advertir a otros sobre el peligro. Por ello necesitan vivir en áreas abiertas.

¡Tu turno de predecir!

Repasa los datos sobre conejos de Sheng. ¿Dónde crees que es probable que Sheng encuentre los conejos? ¿Dónde no es probable?

Predicción sobre ardillas listadas

Emily observa sus datos sobre ardillas listadas. Luego estudia el mapa. Las ardillas listadas tienen garras afiladas para trepar árboles. También usan las garras para cavar madrigueras.

—No es muy probable que pueda encontrarlas en el jardín de flores —dice—. Pero es muy probable que pueda ver algunas ardillas listadas si voy al bosque.

El guardia del Parque de la Ciudad también le había enviado este gráfico de barras a Emily. Muestra la cantidad de ardillas listadas macho, hembra y crías que viven en el Parque de la Ciudad. ¿Qué tipo de ardilla listada es probable que Emily vea más?

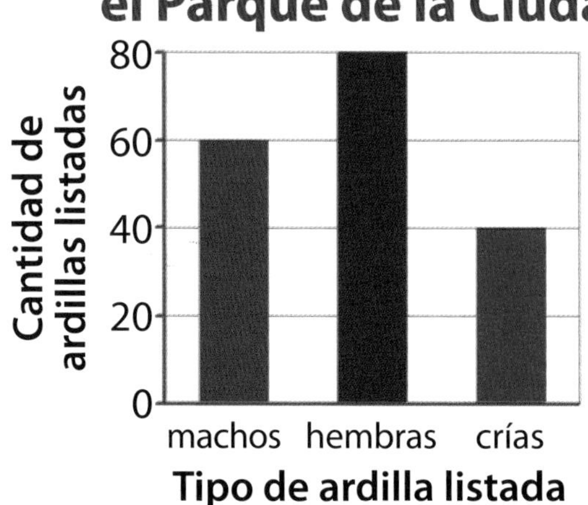

Predicciones precisas

Al mediodía, todos se reúnen para almorzar en el área para días de campo.

—¿Fueron sus predicciones **precisas**? —pregunta el Sr. Martin.

—Sí —dice Marcy—. Encontré libélulas y ninfas en los humedales.

—Buen trabajo —dice el Sr. Martin.

—Y encontré muchas abejas en el jardín de flores —dice Afua.

—Sheng no vio ningún conejo —dice un padre—. Pero estaba en lo correcto en sus predicciones sobre dónde buscarlos.

—Había madrigueras de conejos en toda la orilla del arroyo —dice Sheng—. Es posible que a los conejos les resulte fácil cavar en el suelo blando de allí.

Atardecer y amanecer

Los conejos se alimentan al atardecer y temprano en la mañana. Si la clase del Sr. Martin se queda más tarde en el parque, Sheng probablemente vea los conejos.

—Pensé que era probable que los gorriones estuvieran en la mayoría de los lugares —dice Luis—. ¡Y estaba en lo correcto! Estaban en los humedales. También estaban en el área para días de campo. Y también los vi en el área del jardín de flores. Estaban buscando insectos. Tomé algunas fotos grandiosas de ellos.

—Buena predicción —dijo el Sr. Martin.

Las fotografías son otra excelente manera de recopilar y mostrar datos.

—Encontramos las ardillas listadas —dice Emily—. Estaban exactamente donde predije que las encontraría. Estaban en el bosque. Las vi en el suelo y en los árboles.

—Bien —dice el Sr. Martin—, ahora es turno de Todd. Todd tiene una historia muy interesante para contarnos sobre sus patos ánades reales.

—Así es —dice Todd—. Predije que los encontraría en el estanque y en los humedales. No creía que fuera probable encontrarlos en ningún otro lugar. Entonces fui a los humedales y al estanque. Pero solo vi 2 patos en el estanque. ¡El resto no estaba!

—¿Y dónde los encontraste? —preguntó el Sr. Martin.

Los patos ánades reales machos tienen hermosas cabezas verdes. Los patos ánades reales hembras son mayormente de color marrón.

Una nueva predicción

Repasa el mapa de la página 14. ¿Puedes pensar dónde pueden estar los patos?

—Todos los patos estaban aquí, en el área para días de campo —dice Todd—. Una familia les estaba dando sándwiches. ¡A los patos les deben gustar más los sándwiches que los caracoles!

—Creo que hasta las mejores predicciones no son siempre precisas —sonrió el Sr. Martin.

Todos ríen, pero no por mucho tiempo.

EXPLOREMOS LAS MATEMÁTICAS

La semana siguiente, Todd hace un gráfico de barras para mostrar la cantidad de patos que encontró en diferentes partes del parque.

Patos en el Parque de la Ciudad

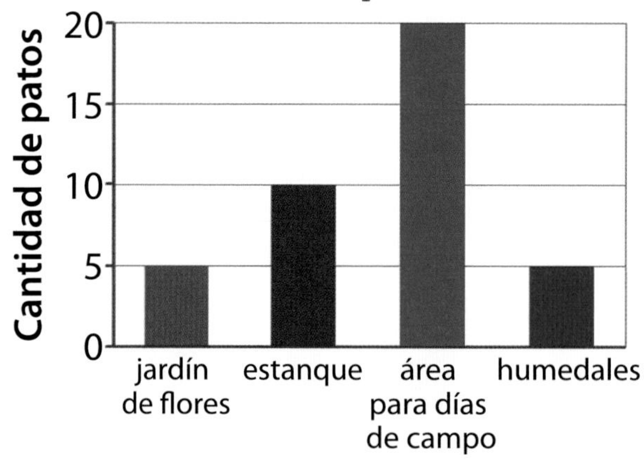

Observa el gráfico y responde las preguntas.

a. ¿Cuáles 2 áreas tienen la misma cantidad de patos?

b. ¿Cuántos patos más hay en el área para días de campo que en el estanque?

c. ¿Cuántos patos ve Todd en total?

Una última predicción

—¡Oh no! —dice el Sr. Martin—. ¡Aquí vienen los patos otra vez!

—Tengo una última predicción —dice Todd—. ¡Los patos vienen a buscar nuestros sándwiches!

ACTIVIDAD DE RESOLUCIÓN DE PROBLEMAS

¡Salvemos las aves!

Jacinta tiene un cornizo florecido en su jardín trasero. Le encanta mirar las hermosas aves que llegan a comer las bayas. Su vecino, el Sr. Hodges, quiere que Jacinta corte el árbol porque las bayas caen en su jardín.

Jacinta sabe que al Sr. Hodges también le gusta observar las aves. Ella decide contar la cantidad de aves para poder elaborar un gráfico que muestre cuántas aves dejarían de visitar sus patios si cortara el árbol. Cree que esto convencerá al Sr. Hodges para que le permita dejar el árbol.

Aves en el árbol

Día de la semana	Cantidad de aves
Lunes	𝍸 𝍸 𝍸 ||
Martes	𝍸 𝍸 𝍸 ||||
Miércoles	𝍸 𝍸 𝍸 𝍸
Jueves	𝍸 𝍸 𝍸 |||
Viernes	𝍸 𝍸 𝍸 𝍸 ||
Sábado	𝍸 𝍸 𝍸 ||
Domingo	𝍸 𝍸 𝍸 |

¡Resuélvelo!

a. Dibuja una tabla de frecuencia para mostrar la cantidad de aves (en números) que visitan el árbol cada día de la semana.

b. Usa los datos de la tabla para dibujar el gráfico que Jacinta elabora para mostrar al Sr. Hodges.

c. Escribe 3 preguntas sobre el gráfico.

Glosario

anotar: escribir información

ciclo de vida: cambios por los que atraviesa un ser vivo desde el comienzo de la vida hasta su forma adulta y luego, hasta la muerte

datos: información numérica

diagrama: un dibujo sencillo que explica o muestra algo

entomólogo: un científico que estudia los insectos

guardia: persona cuyo trabajo es cuidar un parque o un área pública

madrigueras: huecos en el suelo donde viven los conejos y las ardillas listadas

mamíferos: animales cuyas crías se alimentan de la leche de la madre

precisas: correctas

predicciones: cosas que se dice que sucederán en el futuro en función de observaciones y experiencias

probable: previsto que suceda o sea verdadero

tabla de frecuencia: un cuadro que muestra un grupo de eventos y la frecuencia en que ocurren los eventos

Índice

RESPUESTAS

Exploremos las matemáticas

Página 4:

a. jueves y viernes

b. 8 grados más caliente

Página 9:

a. El pato puso 42 huevos en total.

b.

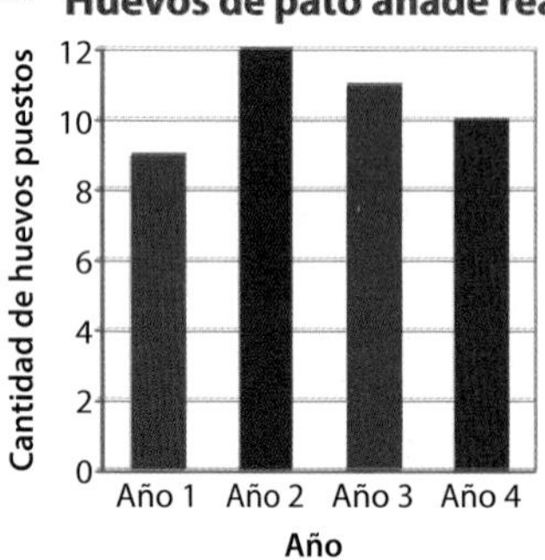

Página 10:

Día	Cantidad de gorriones observados
Domingo	7
Sábado	6
Miércoles	4
Martes	3
Jueves	3
Viernes	2
Lunes	1

Página 16:

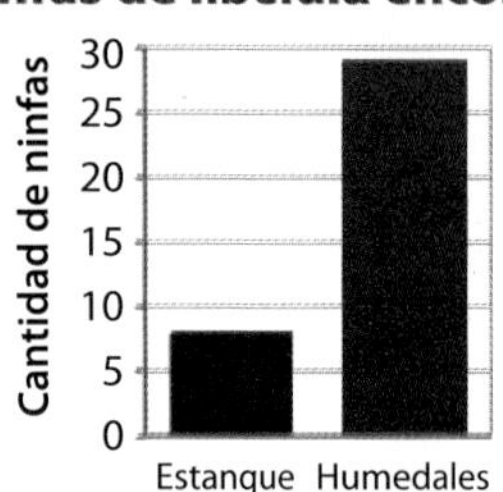

Página 26:

a. El jardín de flores y los humedales

b. 10 patos más

c. 40 patos

Actividad de resolución de problemas

a.

Día de la semana	Cantidad de aves
Lunes	17
Martes	19
Miércoles	20
Jueves	18
Viernes	22
Sábado	17
Domingo	16

b.

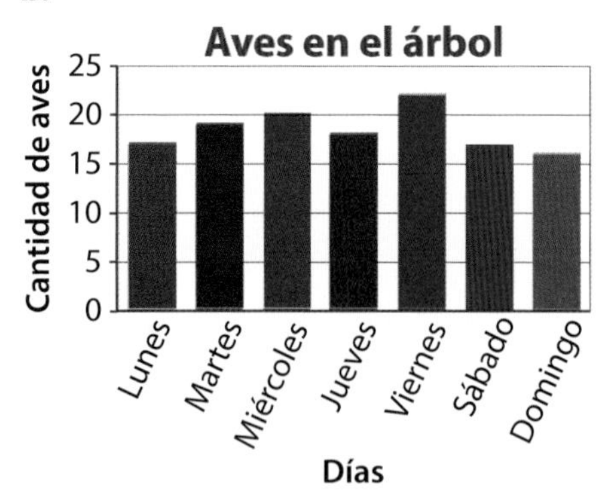

c. Las preguntas con gráficos variarán.